Granby Library

3 9948 00179 6668

1-9-07

P9-AGX-312

GRANBY BRANCH
GRAND COUNTY LIBRARY
P. O. BOX 1049
GRANBY, CO 80446

Hitos de la historia de Estados Unidos

La colonia de San Agustín

Sabrina Crewe y
Janet Riehecky

WORLD ALMANAC® LIBRARY

Please visit our web site at: www.garethstevens.com
For a free color catalog describing World Almanac® Library's list of high-quality books
and multimedia programs, call 1-800-848-2928 (USA) or 1-800-387-3178 (Canada).
World Almanac® Library's fax: (414) 332-3567.

Library of Congress Cataloging-in-Publication Data

Crewe, Sabrina.
   [Settling of St. Augustine. Spanish]
   La colonia de San Agustín / Sabrina Crewe y Janet Riehecky.
     p. cm. — (Hitos de la historia de Estados Unidos)
   Includes bibliographical references and index.
   ISBN-10: 0-8368-7465-X — ISBN-13: 978-0-8368-7465-5 (lib. bdg.)
   ISBN-10: 0-8368-7472-2 — ISBN-13: 978-0-8368-7472-3 (softcover)
   1. Saint Augustine (Fla.)—History—Juvenile literature. 2. Spaniards—Florida—Saint
Augustine—History—Juvenile literature. 3. Timucua Indians—Florida—Saint
Augustine—History—Juvenile literature. 4. Florida—History—To 1821—Juvenile
literature. I. Riehecky, Janet, 1953- II. Title.
   F319.S2C7418   2006
   975.9'18—dc22   2006018014

This North American edition first published in 2007 by
World Almanac® Library
A Member of the WRC Media Family of Companies
330 West Olive Street, Suite 100
Milwaukee, WI 53212 USA

This edition copyright © 2007 by World Almanac® Library.

Produced by Discovery Books
Editor: Sabrina Crewe
Designer and page production: Sabine Beaupré
Photo researcher: Sabrina Crewe
Maps and diagrams: Stefan Chabluk
World Almanac® Library editorial direction: Mark J. Sachner
World Almanac® Library art direction: Tammy West
World Almanac® Library production: Jessica Morris and Robert Kraus

Spanish Edition produced by A+ Media, Inc.
Editorial Director: Julio Abreu
Editor: Adriana Rosado-Bonewitz
Translators: Bernardo Rivera, Luis Albores

Photo credits: CORBIS: pp. 4, 6, 12, 13, 14, 16, 18, 19, 20, 22 (top), 25, 26, 27;
The Granger Collection: cover, p. 11; North Wind Picture Archives: pp. 5, 7,
8, 9, 10, 15, 21, 24, 22 (bottom).

All rights reserved. No part of this book may be reproduced, stored in a retrieval system,
or transmitted in any form or by any means, electronic, mechanical, photocopying,
recording, or otherwise, without the prior written permission of the copyright holder.

Printed in the United States of America

1 2 3 4 5 6 7 8 9 10 09 08 07 06

Contenido

Introducción. 4

Capítulo 1: Antes de los europeos 6

Capítulo 2: La llegada de los españoles 10

Capítulo 3: La fundación de la colonia 12

Capítulo 4: La vida en San Agustín. 18

Capítulo 5: Las misiones 24

Conclusión. 26

Línea de tiempo. 28

Cosas para pensar y hacer 29

Glosario 30

Información adicional 31

Índice 32

Introducción

Listos para navegar

"Pedro Menéndez se encargará de tener listas y equipadas para navegar [10 naves] cargadas con provisiones y en condiciones de guerra. … en el mes de mayo siguiente. Él llevará a 500 hombres, 100 campesinos, 100 marineros y el resto hombres y oficiales del mar y la guerra, y entre éstos habrá por lo menos dos clérigos y otras personas capacitadas en la cantería, la carpintería y **herradores**, herreros y cirujanos."

Acuerdo entre el Consejo Español y Pedro Menéndez de Avilés, firmado por el rey Felipe II el 20 de marzo de 1565.

Una colonia española

En 1565, el rey Felipe II de España firmó un acuerdo con un marino y explorador llamado Pedro Menéndez de Avilés. El acuerdo decía que Menéndez fundaría una colonia en un área de Norteamérica del que ahora es el estado de Florida.

España ya tenía **colonias** grandes y prósperas en Centro y Sudamérica y en las islas del mar Caribe, pero faltaba establecer alguna al norte de México. El rey Felipe tenía la esperanza de que al igual que las otras colonias, la región de Florida tuviera **recursos naturales** importantes.

Ésta es la ciudad de San Agustín hoy día. En los años 1500, luchó por sobrevivir pero ahora se ha convertido en una ciudad próspera.

Antes de la llegada de los españoles, Florida era una región muy boscosa con una sociedad tradicional que había existido por miles de años. Ésta es una réplica de un refugio construido por los timucuanos. Ellos habitaron el área de San Agustín hace mucho tiempo.

En septiembre de 1565, Menéndez llegó a Florida, cerca de la aldea **amerindia** de Seloy. Ahí, sus hombres construyeron una colonia llamada San Agustín.

La colonia sobrevive

Los **colonizadores** españoles de San Agustín lucharon, pero sobrevivieron. San Agustín se convirtió en un puerto importante para los barcos españoles que llevaban mercancía de otras colonias. La ciudad estableció tribunales, negocios y un sistema educativo muchos años antes que las colonias británicas en Norteamérica. Hoy, San Agustín es la colonia europea más antigua de Estados Unidos.

Todo cambia

Las colonias europeas, empezando por San Agustín, hicieron que todo cambiara. La vida en Norteamérica había sido igual por miles de años. Pero la llegada de los europeos significó el fin de la forma de vida tradicional. También el medio ambiente cambió. Nuevas especies de plantas y animales fueron traídas de Europa. En todo el continente los bosques sufrieron. En poco tiempo, millones de personas murieron y las sociedades amerindias fueron destruidas.

Antes de los europeos

Los pueblos de Florida

Los amerindios vivieron en Florida por miles de años antes de que los europeos llegaran a Norteamérica. A principios de los años 1500, los pueblos que vivieron cerca de lo que hoy es San Agustín se llamaban saturiba, aunque los europeos los llamaron indios timucuanos, que era el nombre que les daban a todos los grupos nativos en el norte de Florida.

La aldea

Las aldeas timucuanas se organizaban en grupos. Cada grupo era una jefatura gobernada por un gran jefe. El número de aldeas de una jefatura podía ser entre dos y 40 o más. Cada aldea que podía consistir en hasta 200 casas, tenía su propio jefe y consejo. En el centro de cada aldea estaba la Casa de

Consejo, que era más grande. El jefe vivía allí y también se usaba para reuniones.

Las casas comunes de una aldea timucuana eran circulares u ovaladas de unos 20 a 25 pies de largo y hechas de troncos de árboles jóvenes enterrados que se doblaban hacia el centro para crear un domo como techo. Los habitantes tejían plantas alrededor de los árboles para hacer las paredes, y después cubrían las paredes y el techo con **bálago**. Había dos agujeros, uno como puerta y otro en el techo para dejar escapar el humo.

Estos hombres de Florida están aprendiendo varios deportes. Algunos compiten corriendo y otros con arco y flechas. Un grupo practica un juego donde lanzan una pelota a un cuadro sobre un poste, igual que el básquetbol, pero sin canasta.

Los ais, tequesta y calusa vivían en el sur de Florida. Al norte, en lo que hoy es el este de Florida y el sur de Georgia, estaban los pueblos apalache y guale.

Lo que vestían

Debido al clima caliente de Florida, los timucuanos se vestían con poca ropa, sólo un taparrabos o falda hecha de piel de venado. Los hombres y las mujeres usaban el pelo largo, pero lo ataban en la parte de arriba de su cabeza. Si un guerrero moría, la viuda se cortaba el pelo para dejarlo en la tumba. Y ella no podía volver a casarse hasta que su pelo volviera a crecer hasta la altura de los hombros.

Los pueblos de Florida también usaban plumas de ave y collares de concha, perlas o dientes de pescado. Los hombres usaban aretes y placas de oro, plata o bronce en sus piernas.

En Florida, los pueblos nativos eran granjeros. Los hombres están preparando la tierra mientras una mujer hace hoyos para la semilla de maíz. Otra mujer coloca la semilla.

Granjeros y cazadores

Los timucuanos pasaban mucho tiempo obteniendo sus alimentos. Los hombres cazaban venados, caimanes, conejos, y pescaban. Tanto hombres como mujeres cultivaban la tierra. El maíz era su cosecha más importante, pero también cultivaban fríjol, chayote y calabaza. Además, las mujeres y los niños recolectaban moras, nueces, almejas, y ostiones.

Ceremonias espirituales

Los timucuanos honraban al Sol como su fuente de vida. Se organizaban ceremonias de adoración antes de viajes de caza o en otras ocasiones. Una de las ceremonias más importantes era la bienvenida de la primavera. El cuerpo de un venado era rellenado con hierbas. Luego lo colgaban de lo alto de un árbol como ofrenda al Sol.

El contacto europeo

Había quizás 200,000 timucuanos en Florida antes de que llegaran los colonizadores españoles en los años 1500. Pero los españoles y otros europeos trajeron enfermedades nuevas para los nativos. Hubo **epidemias** por toda Florida que mataron a aldeas completas. Los nativos que se resistían a los españoles por lo general eran vendidos como esclavos o matados. La mayoría de los timucuanos murió poco después del primer contacto con los europeos. Para fines de los años 1700 ya no existían los timucuanos.

Caza de venados

"Cuando cazaban venados, los indios ... se colocaban la piel del venado más grande que cazaban sobre sus cuerpos de manera que la cabeza quedara sobre la de ellos y pudieran ver por los hoyos de los ojos, como una máscara. ... Había muchos venados en esa región así que con facilidad podían cazarlos con sus arcos y flechas. ... Eran capaces de quitarle la piel y prepararla sin ningún tipo de cuchillo metálico, sólo con conchas con tanta habilidad que dudo que nadie más en toda Europa lo hubiera podido hacer mejor."

Del diario del artista francés Jacques Le Moyne, 1564

Capítulo 2

La llegada de los españoles

Intentos de colonización

A principios de los años 1500, el **Imperio** Español se apoderó de Florida. Nunca fue la parte más importante del Imperio, pero España trató de explorar y colonizar la zona.

El Imperio Español

El Imperio Español en el continente americano empezó en las islas del Caribe y México. Esto ocurrió al principio de los años 1500, cuando los españoles llegaron en busca de riquezas, en especial oro. Pronto, España había tomado buena parte del Caribe así como México y partes de Centro y Sudamérica. A los españoles no les importó que ya hubiera pueblos viviendo en estos lugares. De hecho, usaban a los nativos como esclavos para obtener riqueza. Pronto, naves cargadas de oro, plata y otros recursos naturales viajaban de regreso a España.

La Habana, en la isla de Cuba, era un puerto y centro comercial importante para España en el Caribe.

Las primeras colonias españolas fracasaron principalmente por la actitud de los españoles. Ellos pensaban que los pueblos nativos eran salvajes y que sus propias formas de hacer las cosas eran mejores. Debido a esto, los españoles no se adaptaron muy bien a la vida en Florida. Los colonizadores no tenían las habilidades para cazar, pescar o cultivar su alimento, y tampoco estaban dispuestos a aprender de los pueblos nativos.

Los esclavos

Aunque no lograron establecerse, los españoles a menudo llegaban a la costa de Florida para apresar a los habitantes y venderlos como esclavos. En ocasiones intercambiaban mercancía, pero normalmente tomaban por la fuerza lo que querían. No sorprende que la gente de Florida se defendiera y atacara a los españoles que llegaban a sus tierras. A veces les decían a los españoles que había oro más hacia el norte o el oeste sólo para deshacerse de ellos. Hasta pasado 1560, los pueblos de Florida lograron mantener a muchos invasores fuera.

Hernando de Soto, aquí montando a caballo, llegó a Florida para buscar oro en 1639. Sus soldados llevaron sus enfermedades, capturaron y mataron a muchos nativos.

El nombre de Florida

Juan Ponce de León, gobernador español de la isla caribeña de Puerto Rico, escuchó historias de una isla de gran riqueza llamada Bimini, al norte de Cuba. El 3 de marzo de 1513, salió de Puerto Rico en busca de Bimini. El domingo de resurrección, el 27 de marzo, vio tierra. Debido al día, Ponce de León llamó al lugar Pascua Florida o de flores. Ponce de León no había encontrado una isla como pensó. Lo que había visto fue la costa de Norteamérica.

La fundación de la colonia

La toma de la tierra

"Él [irá] … a la costa de Florida … Si hay en dicha costa algunos colonos u otros pueblos que no sean leales a Su Majestad, deberá sacarlos por el mejor medio posible que le parezca. Tomará la tierra de la dicha Florida para Su Majestad y en su real nombre intentará traer a los nativos a la obediencia de Su Majestad. …"

Acuerdo entre el Consejo Español y Pedro Menéndez de Avilés, firmado por el rey Felipe II, 20 de marzo de 1565

En marzo de 1565, después de que otras colonias en Florida habían fracasado, el rey Felipe II de España le pidió a uno de sus oficiales navales, Pedro Menéndez de Avilés, que lo intentara de nuevo. El rey lo nombró gobernador de Florida. Menéndez preparó su viaje a Florida para establecer la nueva colonia.

Pedro Menéndez (1519 – 1574)

Pedro Menéndez nació en Avilés, en España. Cuando era joven, se convirtió en oficial de la marina española. Llegó a ser almirante y se hizo famoso por peleas contra piratas. Como gobernador de Florida, Menéndez hizo de San Agustín la capital de su colonia. Continuó explorando, fundó nuevas colonias y luchó contra otras naciones europeas en nombre de España. En 1574, Menéndez estaba en España organizando una **flota** cuando le dio fiebre y murió.

Una enorme cruz de acero de 208 pies (63 metros) indica el lugar donde se celebró el primer servicio religioso cuando los españoles llegaron en 1565 a la bahía de San Agustín.

El viaje a Florida

A principios de julio de 1565, Menéndez salió de España. Empezó con 19 barcos, pero la mayoría encontró tormentas al cruzar el océano Atlántico. Sólo cinco naves lograron llegar hasta Florida. Llevaban 500 soldados, 200 marineros y otros 100 pasajeros, entre ellos artesanos, mujeres y niños.

Menéndez encontró un lugar como puerto cerca de la aldea timucuana de Seloy. El hecho de que el lugar ya tuviera nombre y gente viviendo ahí, no le importó. Lo rebautizó como San Agustín por el santo católico que se celebra en agosto. Éste fue el día en que primero vio la costa de Florida.

Primero llegaron los franceses

Mientras Menéndez se preparaba para ir a Florida y fundar una colonia, el rey Felipe supo que Francia, enemigo de España, había mandado una expedición a hacer ¡lo mismo! El rey Felipe le dijo a Menéndez que destruyera la colonia francesa cuando llegara. España no quería que Francia estableciera una base de donde pudiera

El Fuerte Carolina antes de su captura por españoles.

atacar las naves españolas. También, los colonos franceses eran protestantes. Los españoles eran católicos y odiaban a los protestantes. Ellos persiguieron a los protestantes dentro de su país y con seguridad no los querían en ninguna otra parte del Imperio Español.

Los colonos franceses llegaron en 1564 y construyeron el Fuerte Carolina a unas 45 millas (72 kilómetros) al norte de donde estaría San Agustín. En el Fuerte Carolina vivían unas 300 personas. El 20 de septiembre de 1565, Menéndez y sus soldados capturaron el fuerte, mataron a la mayoría de los colonos y tomaron algunos prisioneros. Rebautizó el lugar como San Mateo.

Una colonia en tierra timucuana

Menéndez les ordenó a sus hombres que tomaran el control de Seloy y que convirtieran la Casa de Consejo en un fuerte. Nadie sabe con seguridad si los habitantes de Seloy se quedaron en la aldea o huyeron, aunque los timucuanos eran amigables con los recién llegados. Ellos intercambiaban alimentos y pieles por herramientas y otras cosas europeas.

Como en todas partes, los españoles mostraron poco respeto y tomaron lo que quisieron. Algunos timucuanos empezaron a atacar a cualquier español que saliera del fuerte.

El hambre

Cuando San Agustín empezó a quedarse sin alimentos en el otoño de 1565, Menéndez y algunos soldados fueron a La Habana, Cuba. De ahí él envió provisiones a Florida. A pesar de esto, la gente en San Agustín empezó a morir de hambre durante el invierno de 1565-66. Cientos de soldados abandonaron el pueblo y se unieron a los timucuanos o regresaron al Caribe. Otros se enfermaron. San Agustín perdió a casi la mitad de los colonizadores durante ese invierno.

Flechas rápidas

"Los nativos hicieron su guerra de la siguiente forma: pequeños grupos esperaban para cubrir de flechas a cualquier español perdido. … Están tan seguros de que no los van a atrapar, que se acercan a los cristianos antes de enviar sus flechas. … Tan rápidos son al liberar las flechas que pueden esperar a que se oiga cuando las disparan y luego sueltan otras cuatro o cinco más en el tiempo que el soldado carga su arma."

Bartolomé Barrientos, Pedro Menéndez de Avilés, 1567

Los colonos empiezan a planear el pueblo de San Agustín. Al fondo, un grupo rodea al sacerdote en un servicio religioso.

Los ataques de los timucuanos tenían mucho éxito a pesar de que los soldados tenían armas que eran más potentes que los arcos y flechas de los nativos. Y los nativos estaban muy entrenados en sus armas y conocían el terreno.

La reconstrucción

En mayo de 1566, las jefaturas timucuanas les declararon la guerra a los españoles. Quemaron el fuerte de San Agustín. Menéndez regresó a poner orden y a reconstruir el fuerte, pero esta vez en la isla Anastasia. Pidió provisiones regulares desde Cuba. A principios del verano de 1566, llegó una flota desde España con más de 1000 soldados. San Agustín se volvió más seguro, y los colonos continuaron construyendo su pueblo.

El plan

"Él construirá y poblará [en] tres años, dos o tres pueblos en los lugares y puertos que mejor le parezcan. … Tratará de colocar, dentro de los tres años, 500 esclavos a su servicio y para el del pueblo, de manera que los pueblos puedan construirse con mayor facilidad y la tierra pueda cultivarse. …"

Acuerdo entre el Consejo Español y Pedro Menéndez de Avilés, firmado por el rey Felipe II, 20 de marzo de 1565

Nuevos colonos

Los timucuanos continuaron con sus ataques a la colonia en San Agustín. También atacaron otras colonias fundadas por Menéndez.

Para el verano de 1568, San Mateo ya estaba destruido y los colonos de San Agustín estaban mal. En 1569, Menéndez trajo 80 nuevos pobladores que estaban mejor preparados para colonizar la zona que sus soldados. Construyeron casas, plantaron cosechas, cuidaron del ganado y lograron comerciar.

Después de seis años en la isla Anastasia, la colonia regresó al territorio continental en 1572. Pocos años después, ya había criaderos de cerdos y maizales. De alguna forma, San Agustín—y otra colonia, Santa Elena—se esforzaron por sobrevivir. Pedro Menéndez murió en 1574.

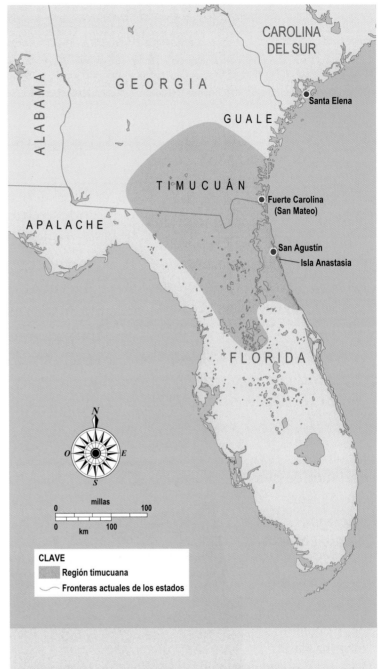

Este mapa muestra las áreas donde los timucuanos y sus vecinos los guale y apalache vivieron antes de que llegaran los españoles. También muestra San Mateo (antes Fuerte Carolina), San Agustín y Santa Elena.

La vida en San Agustín

Tierras ricas

"Lo que le digo a Su Majestad de esta tierra que todos llaman enferma, es que es una maravilla de bienes, porque hay muy ricas tierras de cultivo y pastoreo, poderosos ríos de agua dulce, grandes planicies fértiles y montañas."

Colonizador Bartolomé Martínez, en una carta al rey Felipe II, 17 de febrero de 1577

La paz con los timucuanos

En 1576, los nativos atacaron y destruyeron Santa Elena. La gente huyó a San Agustín, pero los nativos también los atacaron ahí y destruyeron las casas. Unos 180 sobrevivientes se refugiaron en el fuerte.

Después de esto, España nombró como gobernador de Florida a Pedro Menéndez Márquez, un sobrino del primer Pedro Menéndez. Él logró la paz con los timucuanos, y las cosas mejoraron. Pero hasta 1698, sin contar las **misiones**, San Agustín fue la única colonia española en Florida.

Después de que San Agustín sufrió un desastre tras otro, sus casas fueron reconstruidas. Ya no existe ninguna de las primeras casas. Estas viviendas en la ciudad son de un tipo construido en los años 1600.

La gente de San Agustín

Para el año 1580, San Agustín había vuelto a crecer, y contaba con 275 colonos. De éstos, 110 eran soldados, 20 marineros y 100 mujeres y niños. Los 45 restantes eran sacerdotes, funcionarios y artesanos.

Debido al número tan bajo de mujeres, muchos hombres tuvieron esposas timucuanas. En 1580, cerca de un cuarto de todos los hogares tenía una mujer nativa como miembro. Y en los años siguientes, esclavos africanos y presos españoles también se unirían a la población.

Un pueblo español

En 1580, San Agustín tenía una iglesia y algunas tiendas. Habían construido unas 100 casas desde que el pueblo fue destruido en 1576. San Agustín parecía un pueblo español, con una plaza central rodeada de pequeñas casas y calles angostas.

La mayoría de los hombres en San Agustín eran soldados que vivían en el fuerte. Estos hombres se visten como soldados españoles en un "show" para los visitantes al antiguo fuerte de San Agustín.

Esta habitación está en una casa reconstruida en el Barrio Español de San Agustín. Muestra a los visitantes cómo eran las habitaciones en la colonia a principios de los años 1700.

Por lo general, las casas tenían dos habitaciones y ocupaban un pequeño terreno de 44 pies por 88 pies (13.4 metros por 26.8 metros). Eran casas de entramado, que significa que los marcos de madera se cubrían con lodo o arcilla. Los techos eran de bálago. Las cocinas estaban en un edificio aparte para evitar los olores, el calor y riesgos de incendio en la casa principal. La mayoría de las casas tenía un patio o jardín trasero, y algunas tenían establo.

Cada casa tenía su pozo de agua. Los colonizadores también recolectaban agua en grandes vasijas de arcilla llamadas tinajones. Estos enormes recipientes se colocaban bajo los tejados de la casa para atrapar el agua de lluvia y también estaban semienterrados para mantener el agua fresca.

Apenas sobreviviendo

"…en todo este distrito se ha cosechado maíz, fríjol, calabaza, otras frutas y legumbres, y [aunque] es de gran ayuda para el mantenimiento de la gente que vive y sirve a Su Majestad aquí, no es suficiente para poder mantenerse sin el salario y la ración que tienen, aun con esto sobreviven apenas frugalmente."

Reporte del oficial real Alonso de las Alas, 15 de septiembre de 1602

La comida en San Agustín

Para la mayoría de las personas en San Agustín, era muy difícil obtener suficiente comida para sobrevivir. Los colonos compraban parte de su comida a los timucuanos y cultivaban otra parte. A las familias se les asignaban parcelas fuera del pueblo, donde cultivaban maíz y vegetales. Plantaban árboles frutales, como naranjos e higos en sus patios. La mayoría vivía del maíz, fríjol, calabaza, higos, duraznos, naranjas y pescado. Si podían conseguir carne, eran aves, mapaches, y venados. La gente más rica podía comprar la carne de ganado y cerdos.

La vida diaria

La religión católica era parte importante de la vida en San Agustín, y todos iban a la iglesia. Los sacerdotes tenían servicios diarios y también establecieron las primeras escuelas públicas en Norteamérica. Para la mayoría, el día se dedicaba a sus tareas. Las cosechas se plantaban y cuidaban, la carne se cocinaba y la ropa se lavaba y remendaba.

Los colonos de San Agustín dependían de los timucuanos para mucha de su comida. Este grupo lleva alimentos a guardar en una bodega para poder comer en el invierno.

Arriba: una vista aérea del Castillo de San Marcos.

Izquierda: un mortero de bronce añadido al fuerte en 1724.

El Castillo de San Marcos se empezó a construir en 1671 y tomó 23 años. Éste era el fuerte de piedra de San Agustín. El Castillo fue hecho de coquina, una piedra amarilla creada por capas de conchas. Bloques de coquina se unían por medio de una pasta hecha de conchas de ostiones, que se endurecía cuando se enfriaba.

El Castillo de San Marcos es una estructura cuadrada que tiene **bastiones** en cada esquina. Hay varios cañones y **morteros** alrededor del fuerte. Las paredes son de unos 20 pies (6 metros) de alto, y un **foso** profundo rodea todo el edificio. La única entrada es un puente levadizo angosto sobre el foso por el lado del fuerte que da hacia el pueblo.

Destrucción del pueblo

"El 28 de mayo muy temprano en la mañana [vimos] San Agustín en Florida, a 36 grados de latitud, donde había una pequeña guarnición española, de unos 150 hombres, más o menos: Aquí pasamos dos días para tomar el fuerte y destrozar el pueblo, y después partimos otra vez…"

De la crónica de Sir Francis Drake, 1586

Ataques

San Agustín seguía siendo un pueblo militar, dominado por su fuerte. Los soldados tomaban turnos de seis horas, cuidándose de **corsarios**. Éstos eran aventureros ingleses, holandeses o franceses que atacaban naves españolas que llevaban mercancías de las colonias de regreso a Europa.

Los corsarios también atacaban

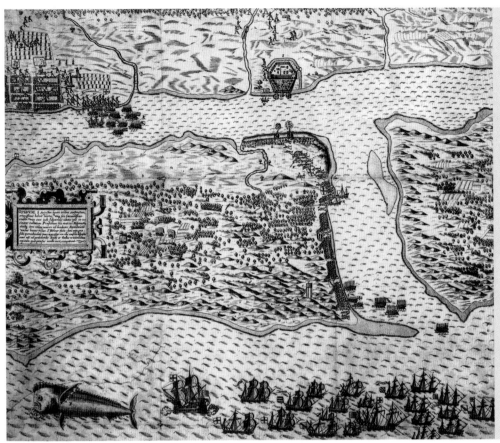

Esta imagen muestra el ataque de Francis Drake sobre San Agustín en 1586. En el centro, los ingleses están disparando al fuerte desde la isla Anastasia. A la izquierda, soldados atacan el pueblo.

las colonias, y San Agustín lo fue varias veces. El peor ataque ocurrió en junio de 1586. Una flota de 42 naves bajo el mando del aventurero inglés Francis Drake llegó al puerto. Cuando huyeron los colonos, robó en toda la ciudad y quemó las casas.

Desastres naturales

Los españoles pronto reconstruyeron su pueblo, pero no duró mucho. En 1599, otro incendio acabó con parte de San Agustín. Luego un huracán provocó la inundación de lo que quedaba. ¡Así que los españoles lo reconstruyeron otra vez!

Reconstruyendo la ciudad

"Con la tala de los árboles se han muerto vastas cantidades de mosquitos y ha ayudado a mejorar la ciudad, pues uno puede ver por todos lados casas en construcción."

Redondo Villegas, colono de San Agustín, en una carta al rey Felipe II de España, 18 de abril de 1600

Las misiones

La catedral de San Agustín se construyó en el estilo de las misiones españolas. Bajo las campanas, hay una estatua de San Agustín.

Obligados a convertir

Y mientras construían y reconstruían San Agustín, ¿qué pasaba con los nativos? Los españoles creían que era su obligación **convertir** a los nativos al catolicismo. También era una buena forma de tener control sobre ellos y explotar su trabajo.

Ser un converso

Cuando los nativos eran bautizados, recibían nombres españoles. Sus aldeas también recibían nombres en español. Con el tiempo, las tradiciones, ceremonias y formas de vestir nativas fueron eliminadas.

La corrupción y las ceremonias

Cuando un **fraile** llegaba a una aldea de Florida, trataba de impresionar a los habitantes. Usaba ropa elegante e incluía música, incienso, velas y estatuas sagradas en sus **rituales**. Los frailes sabían que si un jefe se convertía, él ordenaría al resto del pueblo a hacerlo. A los jefes les daban cuentas y ropa y a menudo ellos sentían la obligación de convertirse.

La mayoría de los nativos católicos incluyó prácticas cristianas en sus creencias espirituales.

Cuando se convertían, los jefes tenían que jurar obediencia al rey español. Parte del juramento era que darían trabajadores a los españoles. Los nativos trabajaban como obreros, campesinos, cargadores y en otras tareas. Los nativos resentían su esclavitud y en ocasiones se rebelaban. Los misioneros y soldados españoles trataban muy duro a los rebeldes.

Caída del sistema de misiones

En 1655, había 70 frailes en Florida y unas 40 misiones. Sin embargo, para 1680 el número de conversos viviendo en las misiones había bajado de 30,000 en 1635 a 6,550. La caída se debió sobre todo a la muerte por enfermedades europeas, pero mucha gente también murió a manos de los soldados. Otros se fueron a tierras fuera del control español. Para 1700, el sistema de misiones casi había desaparecido.

Trabajo de esclavos

"Debido a la falta de animales de carga, los indios prestan su espalda para cargar productos de la tierra. … [Muchos se rehúsan a ser cristianos] para evitar experimentar un trabajo similar, del cual ha resultado que algunos se mueran en el camino…"

Tesorero Real Don Joseph de Prado, en carta al gobernador de Florida sobre los nativos conversos, 1654

A veces, los nativos se rebelaban contra los misioneros. En esta imagen, hombres de diferentes aldeas de Florida se unen en batalla contra los colonizadores.

Conclusión

Florida bajo muchas banderas

Para los 1600, había otros europeos colonizando partes de Norteamérica. En 1763, los británicos ganaron el control de Florida. En 1783, tras la derrota de los británicos al finalizar la Revolución Norteamericana en 1781, España recuperó Florida durante un período breve. Sin embargo, en 1819 España dio Florida a Estados Unidos. Los días del Imperio Español en Norteamérica estaban llegando a su fin.

El pueblo seminol

Los seminoles de Florida son los **descendientes** de los indios creek y también de los africanos que escaparon de la esclavitud de las colonias británicas y fueron a Florida. Después de que Florida se convirtió en parte de Estados Unidos, los colonos trataron de tomar la tierra seminol a la fuerza. Pero los seminoles se resistieron y hubo varias guerras entre 1817 y 1858. La mayoría fue obligada a irse a Oklahoma en los 1840, pero algunos permanecieron. Firmaron un tratado de paz con Estados Unidos en 1935.

Un grupo seminol en su vestido tradicional aparece frente a una habitación de bálago en los Everglades de Florida en los 1930.

En 1845, Florida se convirtió en estado. Cuando empezó la Guerra Civil en 1861, se unió a los Estados Confederados de América, y así una cuarta bandera ondeó sobre el viejo fuerte de San Agustín, ahora llamado Fuerte Marion. Estados Unidos reclamó la ciudad en 1862.

Una ciudad internacional

Con los años, San Agustín se convirtió en una ciudad internacional. Además de los pueblos amerindios, ingleses, africanos y españoles, había colonos de Grecia, Italia, Alemania, Francia y otros países. Con tantas culturas y países presentes, la gente de San Agustín tuvo que aprender a convivir con aquéllos que eran diferentes a ellos.

San Agustín hoy día

En los 1880, San Agustín se convirtió en un lugar turístico. El pueblo tenía muchas actividades como teatro, conciertos, bailes y deportes. Al principio de los 1930, el gobierno de la ciudad empezó a restaurar sitios históricos. Cada año, miles de turistas visitan el museo vivo en el restaurado Barrio Español. El Castillo de San Marcos fue restaurado a su forma original en 1942 y ahora es un monumento histórico nacional.

Las banderas en San Agustín reflejan su historia. En primer plano está la bandera británica y atrás la bandera de Estados Unidos. Apenas visible, está la Cruz de Borgoña, usada por España desde principios de los 1500 hasta 1785.

Línea de tiempo

1513	2 de abril: Juan Ponce de León llega a Florida.
1564	Colonizadores franceses construyen el Fuerte Carolina, en el norte de Florida.
1565	20 de marzo: El rey Felipe II de España autoriza a Pedro Menéndez de Avilés a colonizar Florida.
	8 de septiembre: Colonizadores españoles llegan y ocupan la aldea timucuana de Seloy.
	20 de septiembre: Menéndez y sus soldados vencen a los franceses en el Fuerte Carolina y lo capturan.
1566	San Agustín se reconstruye en la isla Anastasia.
1572	San Agustín regresa a tierra firme y es reconstruida.
1574	Muere Pedro Menéndez.
1576	Pueblos nativos atacan y destruyen Santa Elena y San Agustín.
	Pedro Menéndez Márquez se convierte en gobernador de Florida.
1586	7-8 de junio: Una flota inglesa ataca y quema San Agustín.
1599	Fuego e inundación destruyen la mayor parte de San Agustín.
1671	Empieza la construcción del Castillo de San Marcos.
1763	Los británicos le quitan el control de Florida a España.
1783	Florida regresa al gobierno español.
1817	Empieza la primera guerra seminol.
1819	España cede Florida a Estados Unidos.
1825	El Castillo de San Marcos se convierte en Fuerte Marion.
1835	Empieza la segunda guerra seminol.
1845	Florida se convierte en estado.
1855	Empieza la tercera guerra seminol.
1861	Florida se une a los Estados Confederados de América.
1862	11 de marzo: Estados Unidos retoma San Agustín.
1942	El Fuerte Marion vuelve a ser el Castillo de San Marcos.

Cosas para pensar y hacer

Llegan los invasores

Imagina la vida de una persona timucuana que vivía en Florida en 1565, cuando llegaron los colonizadores españoles. Piensa en lo que pasó y en cómo fueron tratados. Ahora imagina que lo mismo ocurre en tu ciudad. De repente, tu casa ya no es tuya. Personas que hablan otro idioma llegan con armas superiores a las tuyas y te exigen dejar tu tierra y tu forma de vida y ser su esclavo. Escribe sobre tu experiencia, qué sentirías y lo que tú harías en esa situación.

Diferencias culturales

Cuando los españoles llegaron a Florida, trajeron con ellos muchas ideas y tradiciones extrañas. Lee acerca de la vida española y nativa en los años 1500 y haz una lista de algunas de las diferencias. Podrías comparar sus casas, comida, creencias espirituales, ropa, armas, entretenimiento, vida familiar y gobierno.

Desastres en San Agustín

San Agustín sufrió muchos tipos de desastres y ataques en sus primeros 150 años. Imagina que tú vives en San Agustín en los años 1500 o 1600 durante la inundación, el incendio o el ataque de corsarios o timucuanos. Escribe un diario de uno o dos días donde describas lo que ocurre.

Glosario

amerindio: habitante nativo de las Américas.

bálago: hojas de palma o paja tejidas con firmeza para hacer techos.

bastión: fuerte o, en el caso del Castillo de San Marcos, parte que sobresale de un fuerte u otra fortaleza.

colonia: asentamiento, área o país propiedad de o controlado por otro país.

colonizador: persona que funda una colonia en un lugar nuevo.

convertir: hacer que una persona cambie de creencia, por lo general una religiosa.

corsario: barco de propiedad privada que ataca naves enemigas; también es el marinero en un barco corsario.

descendiente: persona que aparece en una generación más nueva de una familia. Puede ser un nieto o alguien muchas generaciones y años después.

epidemia: enfermedad que se propaga rápido y afecta a muchas personas.

flota: grupo de barcos o naves bajo un mismo mando.

foso: excavación profunda que rodea un fuerte o un castillo para protegerlo de invasores.

fraile: hombre que pertenece a una orden de la religión católica.

guarnición: puesto militar; también las tropas en un puesto militar.

herrador: persona encargada de herrar los caballos.

imperio: poder político que controla el territorio de colonias u otros países.

misión: centro construido por los españoles para convertir a los amerindios al cristianismo y explotar su trabajo.

mortero: tipo de cañón de longitud corta utilizado para lanzar bombas.

rebelarse: luchar contra una persona o un grupo en el poder.

recursos naturales: materiales que se encuentran en la naturaleza, como oro o madera, que pueden ser utilizados o vendidos.

ritual: sistema de ceremonias en una religión.

Información adicional

Libros

Chui, Patricia and Jean Craven. *Florida: the Sunshine State* (World Almanac Library of the States).World Almanac Library, 2002.

Isaacs, Sally Senzell. *Life in St. Augustine* (Picture the Past). Heinemann Library, 2002.

Shuke, Heather. *The Timucua Indians: A Native American Detective Story* (Young Readers' Library). University Press of Florida, 2000.

Sita, Lisa. *Indians of the Northeast: Traditions, History, Legends, and Life* (Native Americans). Gareth Stevens, 2000.

Sitios web

www.ancientnative.org Heritage of the Ancient Ones es una organización dedicada a preservar la historia de los pueblos nativos de Florida y ofrece mucha información sobre los timucuanos y otros grupos.

www.flmnh.ufl.edu El Florida Museum of Natural History tiene una exposición en línea que sigue la historia de San Agustín a través de hallazgos arqueológicos.

www.nps.gov/casa Ofrece información y fotos del Castillo de San Marcos del National Park Service, con enlaces útiles a los sitios en Internet de otros lugares históricos en Florida.

Dirección útil

Castillo de San Marcos National Monument
National Park Service
1 Castillo Drive East
St. Augustine, FL 32084
Teléfono: (904) 829-6506

Índice

Los números de página en **negritas** indican ilustraciones.

Alimentos, 8, 15, 20, 21, **21**
Amerindios de Florida, 6–7, **6**, **7**, **8**, **21**, 24, 25, 27
 apalache, 7, **17**
 ataques sobre colonizadores, **16**, 18, 25, **25**
 como conversos católicos, 24, 25
 consecuencias de los españoles sobre, 5, 9, 11, **11**, 25
 guale, 7, **17**
 seminoles, 26, **26**
 véase también Timucuanos

Campesinos y agricultura, 8, **8**, 17, 21, **21**, 25
Castillo de San Marcos, **19**, 22, **22**, 27
Catolicismo y católicos, 14, 21, 24, 25
 véase también Misiones y misioneros
Caza y cazadores, 9, **9**
Colonias británicas, 26
Colonizadores franceses, 14, **14**, 27
Colonos africanos y esclavos, 19, 26, 27
Comercio, 10, 14, 17, 21
Corsarios, 22, **23**
Cuba, **10**, 11, 15, 16

Drake, Francis, 22, 23, **23**

España
 colonizadores en Florida, 5, 11, 25
 colonizadores en San Agustín, 5, 13, 14, 15, **15**, 16, 17, 18, 19, 20, 21, 23, 27
 fuerzas militares, 4, 11, **11**, 13, 14, 15, **15**, 16, 19, **19**, 22, 25
 gobierno y oficiales, 4, 12, 16, 18, 25, 26
 Imperio y colonias, 4, 10, **10**, 12, 14, 22, 25
 naves, 12, 13, 14, 16, 22

Estados Unidos de América, 26, 27

Felipe II, rey, 4, 12, 14, 16, 18
Florida, 7, 11, **11**, 13, **17**, 26, 27
 exploración española de, 10, 11, **11**
 colonización española de, 4, 5, 10, 11, 12, 13, 16, 17, 18, 25
 como territorio de E.U.A., 26, 27
Fuerte Carolina, 14, **14**, 17

Georgia, 7, **17**
Guerra Civil, de Estados Unidos, 27

Isla Anastasia, 16, 17, **17**
Islas del caribe, 4, 10, **10**, 11, 15

La Habana, **10**, 15

Menéndez de Avilés, Pedro, 4, 5, 12, **12**, 13, 17, 18
Menéndez Márquez, Pedro, 18
Misioneros y misiones, 18, 24–25

San Agustín (santo), 13, **24**
San Agustín, **4**, 12, 13, **13**, **27**
 ataques sobre, 14, 16, 17, 18, 22, 23, **23**
 construcción de, **15**, 16, 18, 19, 23
 crecimiento de, 4, 17, 19, 27
 edificios y casas, 14, 15, **15**, 17, **18**, 19, 20, **20**, **22**, **24**, 27
 fundación de, 4, 5, 13

San Mateo, 14, 17, **17**
 véase también Fuerte Carolina
Santa Elena, 17, **17**, 18
Seloy, 5, 13, 14

Timucuanos, 6, 7–9, 17, **17**, 18, 19, 21, **21**
 ataques a los españoles, 14, 16, 17
 casas y aldeas, 5, **5**, **6**, 9, 13
 conflicto con los colonizadores, 14, 15
 consecuencias de los españoles sobre, 9